NOTE

sur

LES VOUTES BIAISES

NOTE

SUR

LES VOUTES BIAISES

PAR

M. L'ÉVEILLÉ,

INGÉNIEUR EN CHEF DES PONTS ET CHAUSSÉES.

*Extrait du Bulletin de la Société d'Agriculture,
Sciences et Arts de la Sarthe.*

LE MANS

IMPRIMERIE MONNOYER, PLACE DES JACOBINS

—

1856

NOTE

SUR LES VOUTES BIAISES.

La construction de la partie du chemin de fer de Paris à Strasbourg située dans Paris ou à ses abords m'a conduit à exécuter un nombre assez considérable de voûtes biaises, et à faire l'application à ces ponts d'un certain nombre de vues théoriques que leur construction successive me suggérait.

Dans la pensée que les remarques, les essais que j'avais eu occasion de faire pourraient être utiles aux jeunes ingénieurs, je rédigeai, à cette époque, une note dont diverses circonstances ont retardé la publication.

Les discussions qui, depuis lors, se sont élevées au sujet des voûtes biaises entre plusieurs ingénieurs, l'étude nouvelle qu'à cette occasion je fis de la question avec un ingénieur du plus haut mérite, M. Leblanc, m'ont fait me réjouir du retard apporté à cette publication.

Peut-être même aurais-je complétement renoncé à faire paraître ce travail, bien que refondu, si je n'eusse pensé que mes essais pourraient avoir conservé quelque intérêt pour les constructeurs.

Une voûte droite dont un plan vertical et oblique à ses génératrices vient à couper l'une des extrémités est une voûte biaise ; l'autre extrémité peut demeurer terminée par un plan perpendiculaire aux génératrices, ou être coupée par un plan vertical faisant avec les génératrices un angle autre que celui fait par le premier plan.

L'expérience prouve que, dans ces divers cas, le pont peut être construit de telle manière que ses diverses parties s'équilibrent, et cela sans que l'on ait à changer les dimensions du pont droit, et sans qu'aucune addition vienne rétablir, en tout ou en partie, les portions qui s'étaient trouvées supprimées.

Presque toujours, dans la pratique, le pont, *fig.* 1, peut être considéré comme étant composé de trois parties ; l'une BEDF constituant un pont droit ; les deux autres ADE, BCF constituant, chacune, un pont biais dont l'une des têtes est normale aux génératrices, et dont la culée, du côté de l'angle aigu, est réduite à sa plus simple expression, une arête verticale.

La première partie pouvant s'équilibrer par elle-même, il faut que chacune des deux autres ou soit en équilibre séparé, ou aille emprunter ses conditions d'équilibre à son attache à la voûte droite.

Examinons l'une de ces parties, et cherchons si l'on ne peut concevoir qu'elle trouve en elle-même les moyens de se maintenir en équilibre.

Et, d'abord, je ferai remarquer que si, en effet, l'on ne peut concevoir, en pratique, la culée réduite à une arête, parce que les pressions qui se reporteraient sur cette arête auraient, par rapport à sa surface, une action infiniment grande, il suffit, pour rentrer dans la pratique, d'annexer à la voûte un bandeau de voûte droite suffisant pour que la culée de l'angle aigu puisse résister pratiquement aux pressions.

Dans un article adressé aux *Annales des ponts et chaussees*, et rédigé à la suite de nos discussions, M. Leblanc a fait remarquer, avec raison, que si un corps est en équilibre, une partie quelconque de ce corps doit également être en équilibre sous les actions et les réactions qu'il supporte ; que, par conséquent, sans avoir à s'inquiéter de la nature de l'appareil adopté pour le pont, *fig.* 2, l'on doit admettre que l'on peut considérer comme étant en équilibre la portion que l'on en détacherait par deux plans parallèles aux génératrices rectilignes : l'un vertical, passant par le sommet de la voûte ; l'autre normal à l'intrados, et représentant l'un des plans de joint de la voûte appareillée droit.

Cet ingénieur fait, en outre, remarquer que les actions exercées sur le plan de la clef peuvent être réduites à une force normale à ce plan ou perpendiculaire au plan des culées, et à deux forces situées dans le plan de la clef, l'une horizontale, l'autre verticale ; ou bien encore, à un couple agissant dans le plan de section, et à une force résultante des trois forces dont il vient d'être question.

A ces forces actives ne vient s'ajouter que l'action de la pesanteur, représentée par une force verticale passant par le centre de gravité ; si donc, à l'instant où la force précédente traverse le plan vertical parallèle au plan de section, et qui passe par ce centre de gravité, on remplace le poids par un poids égal venant se combiner avec la résultante des autres forces, toutes les actions auront été ramenées à un couple parallèle au plan de la clef ou à celui des culées, et à une force unique dont les composantes horizontales sont les deux forces de cette nature qui agissaient sur la clef.

Ces actions ne peuvent être équilibrées que par les réactions du joint, et pour que les réactions puissent atteindre à ce résultat, il faut qu'elles produisent un couple parallèle, de moment égal et de sens contraire à celui de l'action, et qu'en même temps elles fassent naître une force égale et directement opposée à la résultante de l'action.

Cette résultante qui part de la clef, et qui, en outre, n'a pu éprouver qu'un dérangement vertical, doit donc venir percer le plan de joint dans l'étendue même du contact des deux parties de la voûte.

Par conséquent, du moment où la voûte est en équilibre, on peut dire que la force appliquée à la clef a une direction telle qu'entre la clef et le plan des naissances elle soit tout entière contenue dans l'intérieur de la voûte.

A ce moment donc, il n'y a plus de poussée au vide.

Tel est l'esprit de la démonstration donnée par M. l'ingénieur Leblanc.

Il arrive rarement que la voûte biaise se présente dans les
circonstances supposées par la *fig.* 2; le plus souvent, le cas
à examiner est celui de la *fig.* 1. Alors la liaison, suivant le
joint EF, *fig.* 2, de la partie biaise avec la partie droite,
permet le développement de forces nouvelles qui se joignent au
frottement pour ramener la poussée dans l'intérieur de la voûte.
La recherche de la valeur des forces développées par la résistance au mouvement de rotation est plus compliquée, mais les
conséquences restent les mêmes ; seulement l'action à la clef
oblique aux génératrices, dans les parties qui avoisinent les
têtes, tend à redevenir normale aux culées, à mesure que l'on
s'enfonce davantage sous la voûte.

L'on peut remarquer que les raisonnements précédents sont
complétement indépendants de l'inclinaison de la tête de la
voûte, et qu'ils s'appliquent, par conséquent, au cas représenté
par la *fig.* 3, dans laquelle le biais est assez fort pour que la
section droite passant par l'angle aigu d'une culée ne rencontre pas l'autre culée.

Il reste à rechercher si, dans les deux cas, *fig.* 2 et 3,
un appareil particulier ne sera pas nécessaire pour créer à
la clef cette force dont la direction doit aller rencontrer les
culées.

La voûte, quel que soit son appareil, est composée de corps
pesants, juxtaposés, mais qui, pendant toute la durée de la
construction, n'ont guère pesé que sur le cintre. Lorsque le
cintre vient à baisser, chaque morceau de la voûte descend, les
surfaces de joints se séparent, et, dans ce mouvement vertical, l'on peut admettre, avec M. Lefort, que les réactions les
plus puissantes soient dirigées suivant la ligne de plus petite
courbure, c'est-à-dire suivant des plans parallèles à celui de la
section droite.

Mais bientôt ce premier mouvement s'arrête, et alors com-
mence le mouvement de rotation autour de quelques arêtes,

si connu des constructeurs de ponts droits, et que les expériences de Boistard ont permis d'étudier.

Ce moment est celui réellement à redouter, celui où les renversements peuvent avoir lieu. Si donc, quel que soit l'appareil, il a lieu, comme dans les ponts appareillés droit, autour des arêtes des surfaces de joints, les conditions de l'équilibre exigeant que les poussées soient obliques aux génératrices et restent comprises dans l'épaisseur de la voûte, la première idée qui doive venir à l'esprit est de substituer, aux plans de joints parallèles aux génératrices, des plans de joints sensiblement perpendiculaires aux têtes.

En effet, supposons que l'on termine les culées par deux corbeaux, chacun d'une seule pierre, et dont la face soit l'un des joints perpendiculaires aux têtes, *fig.* 4, l'espace compris entre les deux corbeaux pourra être fermé par un arc en pierres à joints normaux à la tête *a c*, et l'on aura un véritable pont droit dont l'intrados sera un cylindre oblique aux têtes. Dans ce cas, il ne paraît pas douteux que les mouvements de rotation ne s'effectuent dans une direction sensiblement parallèle aux têtes.

Telle est, du moins je le pense, l'idée première qui, plus ou moins approfondie, a conduit les constructeurs à adopter les appareils biais.

Mais que l'on ne s'y trompe pas : ces appareils ne sont généralement pas la réalisation de cette idée.

En effet, appareils orthogonaux, appareils hélicoïdaux ne diffèrent guère entre la clef et les joints de rupture, la différence réelle ne se manifeste qu'au delà de ces joints et en approchant des naissances dans le plein cintre ou dans l'anse du panier. Or, la *fig.* 5 représente, à peu près, le plan de l'un quelconque de ces appareils ; les zones AC*mn*, *mnn'n'*, *m'n'm''n''*, etc., figurent autant de petites voûtes droites qui, chacune, développeraient des poussées à peu près parallèles aux têtes si, comme M. Lefort a proposé de le faire, elles étaient rendues indépendantes les unes des autres. (Les joints *pm*, *cq*, etc., sont ici supposés être les joints de rupture.)

Malheureusement, en pratique, ces diverses zones sont reliées les unes aux autres par l'enchevêtrement des moellons ; dès lors les mouvements isolés de chaque zone deviennent impossibles ; et il ne peut plus y avoir qu'un seul et unique mouvement qui a pour condition de concilier tous les mouvements partiels.

Or, ce mouvement unique, ne pouvant avoir lieu qu'autour d'une ligne droite ou d'un point, sera le plus facile de tous ceux qui satisfont à cette condition.

L'expérience montre que la ligne de rotation est parallèle à celle qui passerait par tous les angles rentrants de la crémaillère, c'est-à-dire parallèle aux génératrices de la voûte droite.

J'ai dit l'expérience : elle est, en effet, facile à répéter ; il suffit, pour cela, de tailler en crémaillère les joints de contact de deux corps, l'un fixe et représentant la culée, l'autre mobile et en porte-à-faux sur le premier. Cette expérience, je l'ai faite avec M. l'ingénieur Leblanc, et elle nous a donné le résultat annoncé ci-dessus.

Dans mes diverses constructions, je n'avais pas eu l'idée de constater la position du joint de rupture ; mais, depuis lors, j'ai demandé à M. l'ingénieur Graëff si, lui, n'aurait pas été mieux inspiré que moi ; et voici ce qu'il m'a répondu par sa lettre du 7 février 1855 :

« En ce qui concerne les lignes de rupture, je n'en ai remar-
« qué, dans nos diverses constructions, aucune d'appréciable
« sur la douelle, si ce n'est par des fissures comme un cheveu
« dans les mortiers des joints ; dans l'arche biaise du viaduc de
« la Walt, cette ligne a été visible dans chaque zone, et c'est,
« comme vous le dites, une ligne dentelée. Elle se trouvait ici
« près des naissances, puisque, dans les ponts en arc de
« cercle, les joints de rupture principaux sont ceux des nais-
« sances. »

Ainsi, ce n'est pas en suivant un seul des joints perpendiculaires à la tête que le mouvement a lieu ; il a fissuré toutes les parties des joints de crémaillère, c'est-à-dire que l'ensemble du mouvement a eu lieu suivant une droite parallèle aux géné019ratrices rectilignes.

Ce fait est extrêmement remarquable, et il démontre que, nonobstant l'appareil biais, le mouvement de rotation a eu lieu, comme si le pont eût été appareillé droit.

Cependant, comme jusqu'ici aucun ingénieur n'a publié d'observations précises à ce sujet, l'on ne saurait trop engager les constructeurs des ponts biais à constater le fait de nouveau, et à le mettre ainsi complétement hors de doute.

Ce fait acquis, cherchons comment les forces qui se développent dans les premiers moments, soit que les diverses parties de la voûte ne prennent encore qu'un mouvement vertical, soit qu'à ce mouvement ait succédé un mouvement de rotation, se transforment en forces obliques à la section droite.

Quelle que soit des *fig.* 2 ou 3 celle que l'on examine, l'on remarquera que la poussée de la partie comprise entre la tête et l'arête de l'angle aigu des culées ne rencontrerait pas cette culée qui, seule, peut lui offrir une résistance ; que, dès lors, cette partie de la voûte doit tendre à pivoter autour de l'arête de la culée, ce qui constitue la véritable poussée au vide, et amènerait infailliblement la chute de la voûte, ou au moins sa déformation, si quelque autre force ne venait à naître qui détournât la poussée de sa direction initiale.

Dans la *fig.* 2, l'on remarquera que la partie E N de la voûte, celle qui est située du côté de l'angle obtus, n'a aucune tendance au déversement : son extrémité MN ne tend donc à s'avancer vers la culée opposée que par un mouvement parallèle à cette culée ; et pour que la seconde partie MD de la voûte puisse pivoter autour de l'arête D, il faut que la face MN s'écrase en M.

Si cet écrasement n'a pas lieu, il naîtra de cette tendance à la rotation autour de D un frottement dirigé de N vers M ; c'est-à-dire une force horizontale située dans le plan de la clef, et qui, par sa combinaison avec la poussée normale à cette clef, donnera une résultante allant rencontrer la culée de l'angle aigu à une distance de son arête telle qu'il n'y ait ni écrasement, ni altération de l'élasticité.

Les mouvements verticaux, et dirigés l'un et l'autre de haut en bas, que subissent les deux parties en contact par la clef, déterminent des frottements agissant de haut en bas, situés dans le plan de la clef, et qui, pouvant n'avoir ni la même intensité, ni le même point d'application, font que chacune des demi-voûtes se trouve, à la clef, sollicitée par deux forces verticales agissant en sens contraire.

L'analyse des mouvements que subissent les deux demi-voûtes de la *fig.* 2 peut s'appliquer aux mouvements des demi-voûtes de la *fig.* 5, même alors qu'on ne supposerait pas les deux têtes parallèles ; seulement, ici, chacune des deux demi-voûtes a une tendance à la rotation autour d'une arête verticale ; et si chacun des mouvements est arrêté par un frottement à la clef suffisamment énergique, cette clef, dans chacun des deux morceaux, est sollicitée par deux forces horizontales de même sens, et par deux forces verticales de sens contraire.

Enfin, dans le cas où les deux têtes de cette voûte seraient parallèles, la symétrie voudrait que la composante normale passât par l'axe vertical de la clef ; que les deux forces horizontales situées dans le plan de la clef fussent égales, de même sens et agissant à la même hauteur ; et qu'enfin les deux forces verticales fussent égales, de sens contraire et placées symétriquement par rapport à l'axe vertical de la clef.

Ainsi, quel que soit l'appareil d'un pont biais, l'on peut dire que, si les maçonneries ont assez de résistance et sont assez pleines pour que, sous le mouvement de torsion que les poussées parallèles à la section droite tendent à produire, il n'y ait aucun écrasement ni aucun mouvement possible, il se développera nécessairement, dans l'intérieur des maçonneries, des forces qui ramèneront l'action ou poussée définitive à être, tout entière, comprise dans l'intérieur de la voûte et à rencontrer les culées assez loin de leurs arêtes pour qu'il n'y ait ni écrasement, ni même altération d'élasticité.

Il en résulte également, comme l'a fait remarquer M. Lefort, que les parties des culées qui avoisinent les angles aigus sont les parties les plus fatiguées.

Cette analyse des forces qui se développent dans un pont biais légitime les appareils biais qui présentent, à la poussée définitive, des surfaces à peu près normales ; elle légitime les appareils qui, droits à l'intérieur de la voûte, ne deviennent biais qu'à l'approche des têtes, dans le cas où l'on peut partager la voûte en trois parties, comme nous l'avons fait sur la *fig.* 1 ; elle explique comment des appareils droits peuvent continuer à être adoptés, tant que le biais ne dépasse pas une certaine limite ; alors, en effet, le frottement suffit pour empêcher la poussée de faire glisser les pierres les unes sur les autres. Cette analyse conduit à appareiller biais, d'une tête à l'autre, les ponts qui sont dans le cas représenté par la *fig.* 5.

Nous pouvons actuellement passer à l'examen des divers appareils adoptés par les constructeurs et chercher à apprécier leurs avantages et leurs inconvénients.

Biais passé, ou *corne-de-vache.* — Hachette, dans son *Traité de géométrie descriptive*, donne, sous le titre de *porte n° 4, biais passé,* ou *corne-de-vache,* la solution suivante :

Considérer la section milieu entre les deux têtes, et qui leur est parallèle, comme appartenant à une voûte droite ; la diviser en voussoirs ; et, par les normales à la courbe, mener des plans de joints normaux au plan de la section.

Lorsque les joints de rupture ne rencontrent pas les culées, et dans les voûtes dont les têtes sont très-rapprochées cela peut avoir lieu, cette solution dirige la poussée parallèlement au plan des têtes : elle résoudrait donc la question. Mais, outre que le plus souvent il arrive que le joint de rupture est obligé de prendre la forme de crémaillère, ce qui ramène le mouvement à se faire suivant la section droite, il ressort de la solution même que si les plans de joints coupent ceux des têtes suivant des droites qui souvent s'écartent beaucoup trop des normales à l'intrados, ils donnent des voussoirs à coupes trop aiguës et qui par conséquent éclateraient dans les mouvements qui accompagnent le décintrement. Un biais très-prononcé, une grande longueur de voûte amènent ce résultat ; une grande ouverture tend à l'éloigner.

Dans la construction du pont sur lequel le chemin de fer du Nord traverse l'Oise, M. Couche, profitant de ce que le biais ne dépassait pas 76 degrés et de ce que la largeur du pont n'était que de 7 m. 80, tandis que l'ouverture des arches était de 25 m. 10, a pu faire une heureuse application du biais passé.

Dans un pont à deux arches, chacune de 7 m. 40 d'ouverture, et de 55,0 de biais, mais n'ayant que 1 m. de largeur, j'ai appareillé suivant des plans perpendiculaires au plan de l'une des têtes.

Gauthey, dans son *Traité sur les ponts*, dit que, dans tous les ponts biais qu'il a construits, lorsque le biais ne dépasse pas 63 à 67 degrés, il a appareillé suivant des plans de joints perpendiculaires aux têtes et menés par les normales à la courbe d'intrados. Il prolongeait ses plans jusqu'à leur rencontre avec ceux du cylindre droit.

Appareil orthogonal parallèle. — M. Lefort, prenant, pour l'un des systèmes de joints, des plans parallèles à la tête, et voulant, pour éviter les angles aigus donnés par la méthode précédente, que les traces sur la douelle des joints longitudinaux fussent normales aux traces laissées par le premier système de joints, fut conduit à des courbes qui, distantes les unes des autres sur la tête, finissent par se rapprocher indéfiniment pour devenir toutes tangentes à la naissance, dans le plein-cintre et les anses de panier.

C'est le système orthogonal parallèle.

Il a le grave inconvénient d'exclure l'emploi des briques et d'exiger une assez grande sujétion dans l'emploi des moellons.

Système hélicoïdal. — A titre de correctif, M. Lefort a fait connaître le système hélicoïdal, emprunté aux Anglais et qui aujourd'hui est d'un emploi presque général en France. Il consiste à substituer, aux ellipses du premier système et aux trajectoires du second, des hélices qui dans la pratique se tracent par le cintre, en le faisant battre par une corde fortement tendue à ses extrémités. Ces hélices, parallèles les unes aux autres, permettent l'emploi de moellons tous de même épaisseur, et des briques en usage dans presque tous les travaux de l'Angleterre.

M. Lefort expose d'ailleurs, comme suit, le moyen géométrique de tracer les hélices directrices :

« Le cylindre de la voûte étant développé, on joint par une
« ligne droite les deux points qui répondent aux deux extrémités
» du diamètre du cercle de tête ; on élève une perpendiculaire
« sur cette ligne, et sa direction indique celle des hélices.

« En exécution, on altère un peu les conditions premières
« de ce tracé, afin que les lignes d'assises répondent exactement,
« sur les deux têtes, aux divisions des voussoirs en pierre de
« taille. Elles ne sont plus, dès lors, ni exactement perpendi-
« culaires à la corde développée, ni exactement parallèles. »

« … Cet appareil ne corrige qu'imparfaitement le défaut des
« coupes biaises vers la tête et donne, du côté des angles
« aigus, une inclinaison fâcheuse dans l'inclinaison des joints
« des voussoirs aux naissances. Il ne doit donc être considéré
« que comme une approximation. »

Que l'appareil hélicoïdal ne soit qu'une approximation, là n'est pas l'inconvénient : et du moment qu'il oppose au glissement des voussoirs les uns sur les autres un obstacle suffisant, et qu'il n'oblige pas à faire des coupes assez aiguës pour que les angles ainsi appauvris soient exposés à éclater, la pratique des constructions peut l'adopter et se dispenser ainsi de recourir à des procédés plus rigoureux, mais d'une exécution plus savante et plus difficile.

Ponts biais appareillés droits. — A quoi sert, en effet, de poursuivre une perfection mathématique, lorsque l'on voit des ponts d'une grande ouverture pouvoir être appareillés droits, tant que leur biais ne dépasse pas certaines limites? Citerai-je Gauthey, qui déclare ne s'occuper du biais que lorsque son angle atteint 67 et même 65 degrés. Le pont de Trilport, de 25 mètres d'ouverture et d'un biais de 72 degrés, n'est-il pas appareillé droit? N'en est-il pas de même des arches du pont au Change de Paris? J'ai appareillé droit des arches de 4 à 10 mètres d'ouverture dont le biais atteignait 72 degrés. M. Baumgarten, sur le chemin de fer de Saint-Quentin, s'est contenté d'incliner assez ses joints pour que leur angle avec les têtes ne dépassât pas certaines limites.

Défaut de l'appareil hélicoïdal. — L'appareil hélicoïdal a d'autres défauts plus réels; mais ils ne se manifestent guère que dans les voûtes dont les naissances ont une tangente verticale. M. Lefort en a indiqué un : l'inclinaison des joints aux naissances, inclinaison telle que, dans certains ponts très-biais, j'ai été obligé de relier les premières assises les unes aux autres par de petits goujons en fer, pour les empêcher de glisser. Dans les angles aigus, les voussoirs tombaient hors de la voûte ; ils tombaient sur la ligne des naissances, dans les angles obtus. Ce fait est dû à ce que l'hélice coupe toutes les génératrices sous le même angle, tandis que, dans le système orthogonal, la trace du joint sur la douelle s'incline d'autant plus sur les génératrices qu'elle approche davantage des naissances.

Lorsque, comme on pourrait l'induire des développements donnés par M. Lefort, on prend, pour deuxième système de joints, des plans parallèles aux têtes, un nouvel inconvénient se manifeste dans les ponts très-biais. Les angles très-aigus que la douelle forme avec les têtes se trouvent dans tous les joints parallèles. On peut le faire disparaître, sur les têtes, en abattant l'angle aigu, comme on l'a fait au pont de Trilport, comme je l'ai fait moi-même sur plusieurs ponts; mais ce remède ne peut être appliqué dans l'intérieur de la voûte. L'on est ainsi conduit à remplacer les plans parallèles aux têtes par des surfaces gauches qui ont pour directrices les courbes tracées sur la douelle parallèlement à la courbe de tête, et pour génératrices, des normales au cylindre. C'est d'ailleurs ce qu'indi-

que M. Lefort, lorsqu'il dit, en parlant de l'emploi des moellons, que l'on peut se contenter de les tailler suivant des paral-
lélipipèdes rectangles ; c'est ce que l'on fait forcément lorsqu'on
emploie des briques.

Je dois faire remarquer que ce défaut est commun à tous
les systèmes que nous avons examinés jusqu'à présent.

Le système héliçoïdal a un troisième inconvénient, beaucoup plus grave que les précédents, et qui lui est propre.

La poussée que nous avons vue être dans un plan à peu près
parallèle aux têtes, et qui se rapproche de plus en plus de la
verticale, fait, avec les joints qu'elle rencontre successivement,
des angles tels qu'il en résulte, à mesure que l'on se rapproche
davantage de la naissance, une tendance de plus en plus pro-
noncée de la partie supérieure de la voûte à glisser vers l'intérieur du pont, et, par suite, à chasser au dehors la partie
inférieure, pour la demi-voûte située dans l'angle obtus, tandis
que le mouvement tend à se produire en sens contraire dans
l'angle aigu.

C'est en partie à cette cause que j'ai dû attribuer l'espèce de
mouvement de torsion éprouvé par quelques-unes de mes
voûtes : les pierres de l'angle obtus poussaient au vide, tandis
que celles de l'angle aigu paraissaient rentrer sous la voûte.
M. Graëff a observé les mêmes mouvements.

Le quatrième et dernier inconvénient s'unit au précédent
pour expliquer le mouvement dont je viens de parler : il est
d'ailleurs commun aux trois systèmes ; mais comme il est plus
sensible dans le système héliçoïdal, nous supposerons une voûte
ainsi appareillée. Si l'on considère l'angle obtus, on voit la
voûte composée d'une suite de tranches qui reposent et tendent
à glisser les unes sur les autres à partir de la naissance. Ces
tranches s'appuient, en outre, par leur extrémité inférieure
sur la naissance, et, par l'autre, contre la tête. Envisagées une
à une, chacune d'elles est un arc de cercle dont la partie inférieure est fixée, qui, composée de voussoirs, vient par son
autre extrémité butter contre la tête. Or, quelque bien cons-

2

truite que soit une voûte, et pendant la construction, sinon au décintrement, il y a de légers tassements; chacun de ces arcs descend, et il ne le peut faire qu'en poussant la tête vers le vide. Du côté de l'angle aigu, les arcs appuient généralement sur les deux têtes, et par conséquent leur mouvement est presque vertical, et d'ailleurs se partage. Le mouvement doit alors être plus fort dans l'angle obtus que dans l'angle aigu.

Pour obvier à cet inconvénient, qui m'a donné de sérieuses inquiétudes dans la construction d'une voûte en arc de cercle, surbaissée au 1/10, de 8 mètres d'ouverture droite et de 49 degrés de biais, le sieur Paillet, habile contre-maître maçon, qui avait conduit ce travail, me conseilla de fermer la voûte par *arras* parallèles aux naissances. Cela exige que l'on trace, en même temps, sur l'intrados et les courbes hélicoïdales et les génératrices du cylindre. L'on évite ainsi de charger le cintre inégalement et de le pousser au vide, comme cela nous était arrivé lorsque nous avions construit par arras hélicoïdaux.

Ces divers inconvénients m'ont conduit à rechercher si le système hélicoïdal ne serait pas susceptible de quelque modification qui les atténuât, si elle ne parvenait à les faire complétement disparaître. J'avais remarqué que presque tous ne devenaient réellement sensibles que dans les voûtes dont les naissances ont des tangentes verticales.

Dans les ponts droits, les plans de joints normaux à la douelle n'existent ordinairement que dans la partie supérieure aux joints de rupture. Au-dessous ils sont horizontaux et ne se terminent par un plan d'étendue plus ou moins restreinte, normal à l'intrados, que pour éviter les angles aigus en douelle.

Cette observation me donna l'idée de n'appareiller biais qu'au-dessus des joints de rupture, et d'appareiller la partie inférieure comme je l'eusse fait d'un pont droit. Un pont de 7 m. 40 c. d'ouverture, ayant un biais de 50 degrés, a été appareillé de cette manière, sans qu'il ait éprouvé de mouvement sensible.

Dans ce système, la chaîne horizontale qui reçoit la retombée de l'appareil hélicoïdal ne diffère de celle qui serait placée à la naissance d'une voûte surbaissée qu'en ce que son parement, au-dessous de la naissance factice, est taillé suivant la courbure de la voûte, au lieu d'être une surface verticale.

Si, d'ailleurs, on développe un demi-cylindre, comme on le ferait pour tracer l'appareil hélicoïdal, et surtout si l'on opère dans le cas d'un biais prononcé, on remarque que les courbes de tête se confondent sensiblement avec des lignes droites, sur une assez grande distance, en deçà et au delà de la clef, tandis qu'elles affectent une courbure très-prononcée en s'approchant des naissances. Il s'ensuit que, dans toute la première zone, c'est-à-dire dans les arcs de cercle, les courbes du système hélicoïdal se confondent sensiblement avec les trajectoires ou courbes de l'appareil orthogonal parallèle.

Système orthogonal convergent. — J'ai dit que le système orthogonal parallèle avait, pour principal inconvénient de donner, près des naissances, dans les pleins cintres et dans les anses de panier, une telle diminution dans l'épaisseur des assises, qu'il était presque inapplicable lorsque les matériaux doivent avoir une épaisseur sensiblement constante.

Pour remédier à cet inconvénient, qui devient intolérable dans les ponts dont la largeur est très-grande relativement à leur ouverture, M. Lefort a imaginé l'appareil orthogonal convergent. Ce système consiste à choisir, à une certaine distance de l'une des têtes, une section droite dont on imagine le plan prolongé jusqu'à sa rencontre avec le plan de cette tête. Par l'intersection verticale de ces deux plans, on fait passer un certain nombre d'autres plans qui déterminent, sur l'intrados, une suite de sections auxquelles on mène des trajectoires. Ces deux systèmes de courbes deviennent les traces, sur l'intrados, des diverses surfaces de joints.

M. Lefort a mis cette idée à exécution dans un souterrain courbe du chemin de fer de Versailles, rive droite; mais les calculs que cet ingénieur donne à ce sujet sont tellement laborieux, qu'il serait impossible de les abandonner à un conducteur; à plus forte raison, à un appareilleur ordinaire.

Aussi M. Lefort a-t-il proposé de substituer à la trajectoire une parabole.

MM. Houssaye sur le chemin de fer du Nord, Poirée sur celui de Lyon, tous les deux à la porte de Paris, ont adopté ce système. Les paraboles qui, sur le développement, remplacent les trajectoires sont déterminées par la condition de passer par des points connus de la courbe de tête, des points également connus de la section droite, et d'être tangentes aux génératrices du cylindre.

Ici, comme dans le système héliçoïdal, les joints coupent la naissance des pleins-cintres et des anses de panier sous des angles aigus; il doit donc en résulter, si les frottements ne sont pas suffisants, une poussée parallèle à la direction des culées.

Système héliçoïdal raccordé avec l'appareil droit. — L'analyse des forces auxquelles est soumis un pont biais montre que l'influence des biais ne se fait sentir que vers les têtes.

L'on conçoit, dès lors, que l'on puisse arrêter l'appareil biais à une certaine distance, dans l'intérieur de la voûte, pour ne laisser au delà subsister que l'appareil droit. Les ponts de la rue Lafayette, de la rue de la Chapelle, et du boulevard extérieur, dans Paris, chemin de fer de Strasbourg, sont appareillés dans ce système, qui a parfaitement réussi.

Pont à zones indépendantes. — Lorsque, pour la première fois, j'eus à me préoccuper des ponts très-biais, convaincu que la voûte devait être décomposée en zones indépendantes et parallèles aux têtes, arrêté par les coupes biaises qu'auraient eues les pierres dans l'intérieur des maçonneries, je cherchai à connaître les solutions qui satisfaisaient à cette condition : bientôt je vis M. Hurel proposer de remplacer le cylindre par une suite de voûtes droites perpendiculaires au plan des têtes, tandis que leurs centres se trouvaient échelonnés sur l'axe de la voûte primitive. Dans un recueil de ponts anglais, je trouvai un système analogue appliqué sur le *Croydon railway*. Je sus, depuis, que M. Boucher, ingénieur du chemin de fer de Paris à Chartres, faisait exécuter un pont semblable; cet ingénieur en a, depuis lors, donné la description dans les *Annales des ponts et chaussées.*

Je reprocherai à ce système, que d'ailleurs j'avais adopté dans l'un de mes projets de ponts, de donner à la voûte plus d'ouverture qu'elle ne devrait en avoir, et de multiplier, avec les arêtes, l'emploi de la pierre de taille, qui est, en général, beaucoup plus onéreux que celui des moellons ou de la brique.

Ponts biais équarris. — M. Devilliers sur le canal Saint-Denis, plus tard, M. Jullien sur le chemin de fer d'Orléans, ont tourné la difficulté que présentent les ponts biais. A cet effet, ils ont prolongé chacune des culées d'une quantité telle que les extrémités correspondantes fussent ramenées dans des plans perpendiculaires à l'arc du cylindre, c'est-à-dire qu'ils ont restitué à chacune des têtes le triangle que le biais avait fait disparaître.

Sans doute, par ce procédé, il n'existe plus de ponts biais ; mais il ne faut pas réfléchir longtemps pour s'apercevoir que, dans certains cas, et cela m'est arrivé à l'aqueduc de ceinture et à la rencontre de la rue de la Chapelle, dans Paris, l'on pourrait être amené à construire deux ponts, au lieu d'un.

Adoptant l'idée de ces messieurs dans le projet relatif au dernier de ces ponts, je l'ai modifié de manière à réduire, dans le rapport de 4 à 1, le cube de la maçonnerie additionnelle. A cet effet, j'ai prolongé les deux culées, seulement assez pour amener la partie qui correspondait à l'angle aigu dans le plan vertical et perpendiculaire aux génératrices, qui passe par le centre de la section biaise.

Dans l'exécution, j'ai décomposé le pont en un pont droit, ayant pour longueur la droite qui joint les centres des sections biaises, et en deux cornes-de-vache que j'appareillai suivant le système héliçoïdal.

Depuis lors, j'ai reconnu que l'on avait un exemple de cette solution dans les arches extrêmes du pont Impérial, à Paris, qui, primitivement droites, ont reçu, en annexe, des cornes-de-vache destinées à faciliter ses abords. Ces cornes-de-vache ont, d'ailleurs, été appareillées suivant des plans de joints concourant vers un même point qui est la naissance de la section droite.

Il y a plus : il résulte de l'analyse que nous avons faite des mouvements qui ont lieu au décintrement que la corne-de-vache n'a aucune tendance à pivoter. La seule poussée qui se développe est une poussée normale aux génératrices. J'eusse donc pu continuer l'appareil droit, même dans cette partie.

APPLICATION DU TRAIT SUR LA PIERRE.

Tant d'ingénieurs ont indiqué des procédés relatifs à l'application du trait sur la pierre, que je n'entrerais dans aucun détail à ce sujet, si les circonstances ne m'eussent fait connaître un procédé assez simple et employé par les tailleurs de pierre pour le tracé de l'appareil hélicoïdal.

Je rappellerai, d'abord, ce que dit Hachette au sujet du biais passé ou corne-de-vache :

« On donne, sur les faces du mur, deux cercles égaux et
« dont les centres se trouvent sur une droite horizontale, mais
« oblique aux plans desdites faces. La surface de la porte doit
« passer par ces cercles.

« Le cylindre oblique, dont la génératrice est parallèle à la
« droite des centres, satisfait à cette condition ; mais il sera
« coupé par les plans de joints suivant des ellipses. Pour que
« les arêtes de douelle soient des droites, on prend, pour la
« surface du biais passé, une surface réglée qui a pour direc-
« trices : 1° les deux cercles donnés dans les faces verticales
« du mur, 2° la droite axe des joints. Chaque plan de joint cou-
« pera les deux cercles en deux points, et la droite qui joindra
« ces deux points sera l'arête de douelle contenue dans ce
« plan. »

Le peu de différence qui, en pratique, existe entre la surface cylindrique et la surface réglée, légitime cette substitution.

La même circonstance a permis aux appareilleurs d'opérer

une substitution semblable dans la construction des grandes voùtes.

Prenons un claveau de tète, et supposons qu'il appartienne à l'angle obtus (un raisonnement et une marche analogue s'appliqueraient aux claveaux de l'angle aigu). Les plans de projection seront : un plan horizontal et le plan vertical de tète. Comme toutes les sections parallèles au plan des têtes sont identiques, on réduira au tracé d'une seule courbe les projections verticales de toutes ces sections, en projetant le claveau sur le plan vertical, non par des perpendiculaires à ce plan, mais par des parallèles aux génératrices du cylindre.

Quatre points situés sur la courbe de tète indiqueront donc les quatre angles du claveau. Si l'on suppose, un instant, que l'un des systèmes des plans de joints de la voùte soit composé de plans parallèles à ceux des têtes, quatre normales à la courbe représenteront les normales aux quatre extrémités du claveau.

La première opération consiste à envelopper la pierre par des plans aussi approchés que possible. Pour la douelle, on choisit le plan déterminé par la corde de l'arc de tète et par celle de l'hélice qui correspond au lit de pose. Si le joint opposé à la tète est un plan qui lui soit parallèle, il limite le claveau de ce côté. Le plan qui passe par la normale à l'angle supérieur de la tète et par la corde de l'hélice correspondante est substitué au joint supérieur. Nous verrons que, tout gauche que soit le lit de pose, on peut l'attaquer directement et sans recourir à un plan auxiliaire.

L'intersection du joint opposé à la tète par le plan de douelle est une droite parallèle à la corde de l'arc de tète, et passe par le point le plus bas de la douelle. L'intersection par le plan du joint supérieur est une parallèle à la normale à la courbe de tète.

Ces intersections du joint opposé à la tète et le panneau de joint peuvent être relevés immédiatement sur l'épure, puisque tout se passe dans un plan parallèle à celui de projection.

La surface-enveloppe ainsi déterminée, il faut la faire sortir de la pierre brute. La première face taillée est celle qui doit recevoir le panneau de tête, la seconde sera le plan de douelle ; mais il est nécessaire de déterminer, sur l'épure, l'angle de ce plan avec celui de tête.

Or, si, de l'angle inférieur du joint opposé à la tête, on abaisse une perpendiculaire sur le plan de celle-ci ; que, du pied de cette perpendiculaire, on mène une droite normale à l'intersection commune des deux plans, et que l'on joigne le pied de cette seconde perpendiculaire au point d'où la première a été abaissée, l'angle à la base du triangle ainsi formé sera l'angle des deux plans, ou le beveau cherché.

Cette opération indispensable donne, en outre, le moyen de construire le panneau du plan de douelle. En effet, supposons qu'on le rabatte autour de l'intersection commune qui donne déjà deux de ses sommets, l'hypoténuse du triangle rectangle que nous venons de construire se rabattra sur le prolongement de la perpendiculaire à l'intersection des deux plans, ou axe de rotation, et son extrémité sera un troisième point du parallé-logramme à construire. Le parallélogramme pourra donc être dessiné.

La tête et le plan de douelle auront pu être taillés, et les droites, qui les terminent, marquées sur la pierre ; on aura pu y ajouter la face opposée à la tête. Sur ce plan on appliquera le panneau relevé sur le plan vertical de projection, et l'on aura la quatrième des extrémités de la douelle cylindrique.

L'obtention de ce quatrième point nous permet de substituer au plan de douelle une surface gauche, beaucoup plus appro-chée de la douelle réelle. A cet effet, on abattra la pierre, de manière à construire le plan gauche formé par une droite qui se meut parallèlement au plan de tête, en s'appuyant sur les cordes des deux hélices.

Les surfaces des lits supérieur et inférieur devraient être formées par la suite des normales aux sections parallèles à la tête ; on leur substituera les plans gauches, déterminés comme suit : sur les normales extrêmes, on prend deux longueurs égales à partir de l'intrados, on joint par une plumée les points ainsi obtenus ; et, sur cette droite, en même temps que sur la corde de l'hélice, on fait marcher une droite parallèlement au plan de la tête.

Si la longueur des voussoirs ne permet pas à la pierre, taillée comme il vient d'être exposé, d'être considérée comme approchant assez de la forme mathématique qu'elle devrait avoir, on obtient un nouveau degré d'approximation par le procédé suivant :

Par les points milieux des cordes des hélices, on élève des normales à ces cordes, jusqu'à leur rencontre avec la courbe, et l'on porte sur les lits supérieur et inférieur les portions de normales ainsi obtenues.

On réunit par des plumées ces points aux points correspondants de la tête et de la face opposée ; et ces nouvelles cordes sont substituées à celles qui, primitivement, sous-tendaient les hélices. Comme ces dernières, elles servent de directrices à une droite qui se meut parallèment au plan de tête et engendre une nouvelle douelle plus approchée de la douelle réelle.

Jusqu'à présent j'ai supposé la face opposée à la tête formée par un plan parallèle à celui de cette dernière. Cependant, si l'on revient, avec attention, sur toutes les opérations, on remarquera que cette hypothèse n'a servi qu'à la détermination de deux normales, et je vais faire voir comment on eût pu les obtenir, dans le cas où elles eussent été perpendiculaires à la surface de l'intrados, au lieu de l'être à la section biaise.

Normales au cylindre, elles le sont à toutes les droites qui se coupent, à leur pied, dans le plan tangent et, par conséquent, à peu près au plan qui passe par les cordes de l'hélice et de la courbe de douelle ; c'est-à-dire qu'elles sont, à peu près, perpendiculaires à ces deux droites. Il suffira donc d'appuyer la fausse équerre successivement sur chacune de ces deux droites, pour déterminer la normale par l'enlèvement de la pierre qui s'oppose à ce que ces deux opérations puissent avoir lieu simultanément.

J'ai joint à ce mémoire l'épure, *fig. 5*, dont je viens d'exposer la théorie. Son examen, après la lecture de ce qui précède, suffira, je le pense, pour en faire comprendre tous les détails.

Des crémaillères. — Les assises héliçoïdales viennent, comme nous l'avons vu, rencontrer la naissance de la voûte plus ou moins obliquement. Une chaîne, en pierres de taille, sert à effectuer le raccordement entre les assises inclinées et celles horizontales. Son lit de pose est un plan ; le lit supérieur est découpé de manière à recevoir la retombée de chaque assise ; ce découpement a fait donner aux pierres de cette espèce de bandeau le nom de crémaillères.

Lorsque l'appareil biais règne dans toute la longueur de la voûte, les dents sont déterminées par le prolongement du joint de l'assise correspondante, jusqu'à la naissance de la voûte, et par une courbe parallèle à celle de la tête, et qui part du joint où la ligne de naissance est rencontrée.

La douelle des crémaillères tracée, comment déterminera-t-on les autres arêtes ? Cette question présente quelques difficultés qu'il convient de faire connaître.

Dans la partie inférieure à la naissance, un lit de pose horizontal et deux joints plans verticaux, perpendiculaires au parement de la culée ou de la pile. Dans la partie supérieure à la naissance, si les joints opposés à la tête sont des plans qui lui soient parallèles, l'un de ces plans et la surface gauche qui appartient à l'un des lits de pose termineront la pierre qui présentera l'un des deux aspects, *fig. 6* et *fig. 7*, suivant qu'il s'agira d'un plein cintre ou d'un arc de cercle.

L'inspection de ces figures montre que les crémaillères successives se recouvrent d'autant plus que le biais est plus prononcé et que les naissances sont plus rapprochées du plan horizontal qui passe par le centre du cercle. En outre, surtout dans ce dernier cas, il existe à la partie inférieure de la pierre une plaquette sans force, et que l'on a créée en enlevant de la pierre à grands frais. Enfin, dans les ponts très-biais, le joint et la douelle font, comme on l'a déjà dit, un angle très-aigu et qui peut compromettre la solidité de l'appareil.

Ces considérations ont conduit les ouvriers, dans le cas du plein cintre, à remplacer la normale, C F, *fig.* 6 , à la section parallèle à la tête par la normale au cylindre. Cette substitution a fait disparaître la plaquette et l'acuité de l'angle de la douelle et du joint , c'est-à-dire les deux inconvénients les plus graves : mais chaque crémaillère s'appuie encore sur la précédente.

Si toutes les normales le sont au cylindre, ou à sa section droite, tous les inconvénients signalés disparaissent, et la pierre prend la forme *fig.* 8.

MÉTRÉ DES VOUTES BIAISES.

Les voûtes biaises construites, il faut régler avec l'entrepreneur ; quelques ingénieurs ont cru devoir métrer chaque pierre isolément et entrer dans le détail des cubes réels, des déchets, des surfaces de parement, de lits, de joints, etc., etc.

Le nombre considérable de ponts de cette nature que j'avais à exécuter, le peu de temps que je désirais mettre dans la conduite de ces travaux, m'ont amené à l'adoption d'une marche différente et qui m'a paru avoir l'avantage de permettre à l'ingénieur de vérifier, même après l'achèvement du travail, les métrés faits par les conducteurs. J'ai ramené à deux tous les prix de la maçonnerie en pierre de taille ; celui de la pose qui comprend, avec cette main-d'œuvre, la fourniture de la pierre mesurée en œuvre, son déchet et le mortier qui sert à la relier au reste de la maçonnerie ; celui relatif à la taille de la pierre ; il évalue toute cette partie du travail d'après le nombre de mètres carrés de parements visibles après pose ; il ne faut plus, dès lors, à l'ingénieur qu'une surveillance facile à exercer sur la queue des pierres et sur leurs qualités.

En admettant que l'on en ait ainsi agi, il reste cependant

quelques difficultés à résoudre ; je vais les examiner successivement.

Et d'abord, pour n'avoir plus à revenir à ce sujet, je dirai que, si le déchet varie nécessairement avec le biais, l'expérience m'a appris qu'en moyenne l'on pouvait admettre que, pour avoir un mètre cube de pierre en œuvre, il fallait approvisionner un mètre cube et demi de pierre brute, mais grossièrement équarrie en parallélipipède.

Les pieds-droits, suivant qu'ils appartiennent à l'angle obtus ou à l'angle aigu, ont l'une des trois formes, *fig.* 9, *fig.* 10, *fig.* 11. Dans le premier cas, on doit fixer à l'entrepreneur les deux longueurs de parement AB, BC, et les deux profondeurs de joint AE, CD. Dans le second cas, le retour d'équerre EF a pour longueur celle de la queue d'un moellon ; le point D et le point C sont, avec le point F, sur une même parallèle à AB. La figure la plus simple donne, dans le cas, des angles très-aigus et, vu le peu de différence qui d'ordinaire existe entre les longueurs AF, AB, une pierre trop faible et qui ne pénètre pas assez avant dans la maçonnerie. La seconde forme est alors préférable, parce qu'elle s'ancre à l'aide de la culasse GHCD. De concert avec l'entrepreneur, j'ai reconnu, après exécution, que, dans le métré, on pouvait substituer à cette dernière figure le parallélogramme construit sur AF et AB.

Si l'on coupe le bandeau en pierre de taille d'une voûte biaise par un plan perpendiculaire à celui de la tête et qui passe par le centre de la voûte, l'on a, dans l'angle obtus, un angle gras à l'intrados, et un angle maigre à l'extrados. (J'ai supposé que, dans le but de réduire le cube de la pierre à un minimum, on lui ait donné la forme d'un parallélogramme). Mais il en résultera que, dans les ponts très-biais, les moellons, qui reposeront sur l'extrados, glisseront vers l'intérieur de la voûte. On remédie à cet inconvénient, en taillant le voussoir dans une pierre de hauteur AC ; et en donnant à l'extrados la forme d'escalier AEFD, *fig.* 12, dans l'angle aigu, le moellon se précipitera vers l'extérieur de la voûte, *fig.* 13, si l'on n'opère d'une manière analogue, en formant l'escalier AFED.

Si pour dessiner, sur le parement vu, les deux courbes d'intrados et d'extrados, on est obligé de jeter bas la pierre destinée à former escalier dans l'angle aigu, rien n'en fait une nécessité dans l'angle obtus; et, en conservant cette pierre, on évite de payer un abatage et la maçonnerie de moellons qui devrait le remplacer. On est donc conduit à prendre, pour surface d'extrados, un cylindre à génératrices perpendiculaires à la tête et qui ait, pour directrice, la courbe mixtiligne que forment du côté de l'angle obtus la retombée et la courbe d'extrados; du côté de l'angle aigu, la projection, sur le plan de tête, de la courbe d'extrados et de la retombée; enfin, l'horizontale qui unit les sommets des deux demi-courbes d'extrados, c'est-à-dire la courbe ABCDEFGH, *fig.* 14. L'on en retranche ensuite le vide dont la projection, ou la base, est LDEF, et dont la hauteur est D'D', ou L'L', *fig.* 15. (Il est à remarquer que la surface LDEF est équivalente à celle du rectangle ODEO, dont la montée, OD, est la hauteur, et dont la distance des sommets ou des centres, DE, est la base.) Si enfin du cube total ainsi obtenu on soustrait celui formé par le cylindre biais de l'intrados, la différence sera le cube de la pierre mise en œuvre.

Ce qui précède suppose que la face opposée à la tête lui soit parallèle; nous avons dit qu'il serait à désirer qu'elle fût remplacée par la surface gauche que formeraient les normales au cylindre, menées par les divers points de la courbe qui le limite. Cette condition oblige à augmenter légèrement le cube trouvé ci-dessus.

Métré des crémaillères. -- Une crémaillère, dans sa forme la plus compliquée, présente la forme de la figure 16, dans laquelle les droites AD, BE, CF sont horizontales, les droites DG, EH, FI inclinées et à peu près parallèles, et où les triangles PGH, HTQ font saillie sur le plan vertical LP, QN.

Si, pour un instant, l'on fait abstraction de tous les vides de la crémaillère, l'on aura un solide dont le profil perpendiculaire à LN, c'est-à-dire au plan de la culée, sera de la forme : a, $a\,d\,g\,p\,l$ (fig. 17), et rien ne sera plus facile que d'avoir le volume du solide, en multipliant la surface de la section par la longueur de la crémaillère entre les têtes.

Toutes les dents peuvent être considérées comme ayant le même cube, et l'une d'elles peut être supposée engendrée par le mouvement, parallèlement à lui-même, du triangle vertical ABC , *fig.* 16, dont le sommet B se promène d'abord horizontalement de B en E, puis descend l'arête inclinée EH. Dans la première partie de sa course, il a engendré un prisme droit dont il est la base et dont la hauteur est BE ; le prisme oblique qu'il a formé ensuite a la même base, et, pour hauteur, la distance horizontale de H en E : en sorte que l'ensemble des deux primes a, pour mesure, le produit de la surface du triangle par la distance de H , *fig.* 16, à la surface ABC, ou du point p, *fig.* 17, au côté $a\,a$. Il reste, pour compléter le vide, à tenir compte de la pyramide quadrangulaire, dont $p'g$, *fig.* 17, est la hauteur et dont la base a, pour l'un de ses côtés, $p\,g$, *fig.* 17, et, pour l'autre côté, une droite égale à AC, *fig.* 16.

Volume et surface de la corne-de-vache. — Lorsque l'on emploie les cornes-de-vache pour faire disparaître les biais, il y a lieu de déterminer le volume et la surface des cylindres tronqués qui forment ces appendices.

Soit que l'on recoure à l'analyse infinitésimale , soit que l'on s'appuie sur les principes de la géométrie, l'on trouve que :

Le volume a, pour mesure, le produit des trois facteurs suivants :

1° La tangente de l'angle des deux plans verticaux qui comprennent la corne-de-vache ;

2° La surface de la section droite ;

5° La distance du centre de gravité de cette section à la droite, intersection des deux plans limites.

La surface a, pour expression , le produit des trois facteurs ci-après :

1° La tangente dont il vient d'être question ;

2° Le périmètre de la section droite ;

3° La distance du centre de gravité de cette courbe à la droite, intersection des deux plans limites.

Ici se termine ce que j'avais à dire sur le métré des voûtes biaises; cependant, j'appellerai encore l'attention sur une erreur que j'ai vu commettre, et qui consiste à considérer comme des cercles ou des ellipses parallèles l'intrados et l'extrados de la voûte, sur la face biaise. Cette erreur devient évidente, lorsqu'on se rappelle qu'en général, la courbe d'extrados se détermine en faisant égales entre elles toutes les normales à la courbe d'intrados.

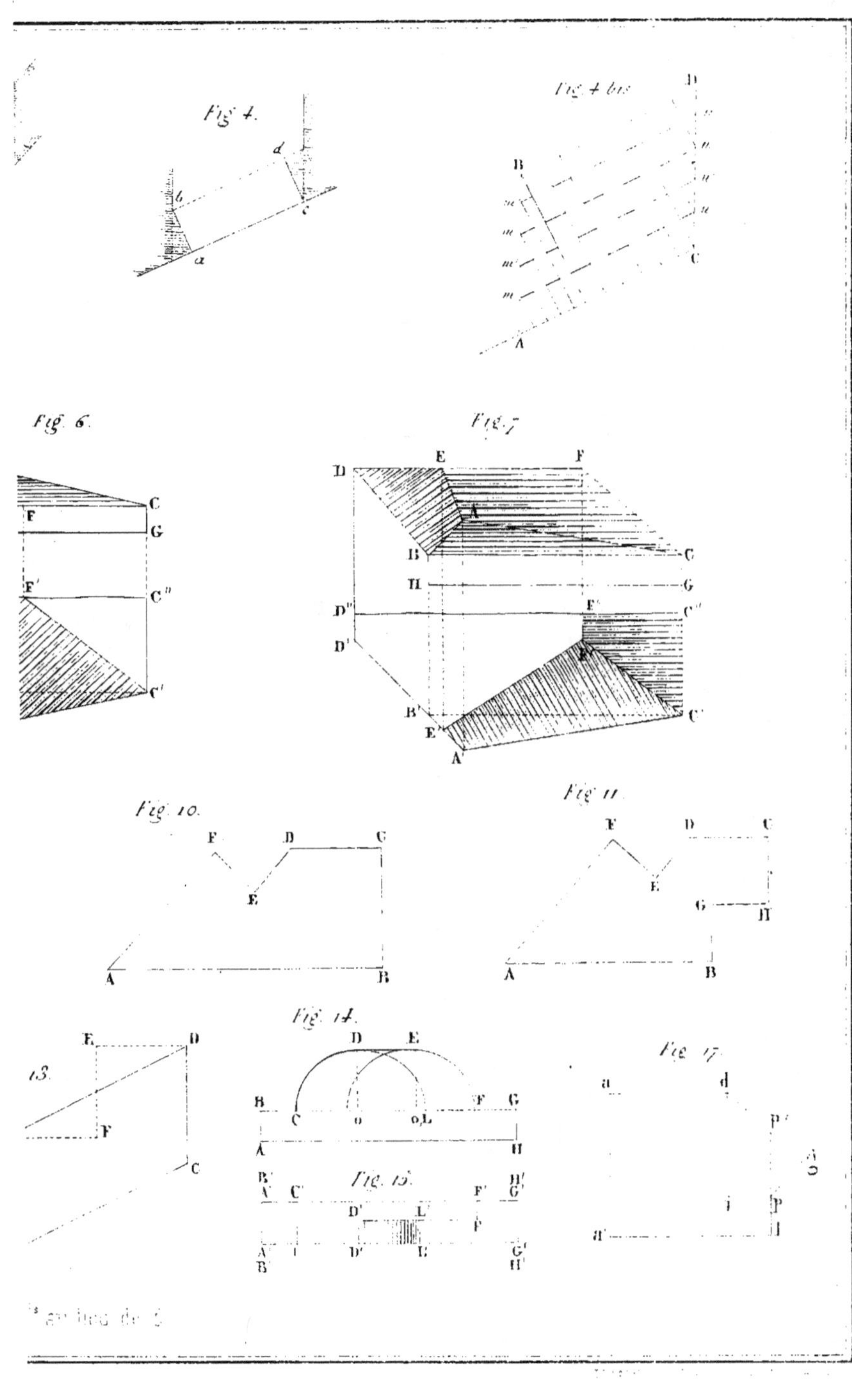

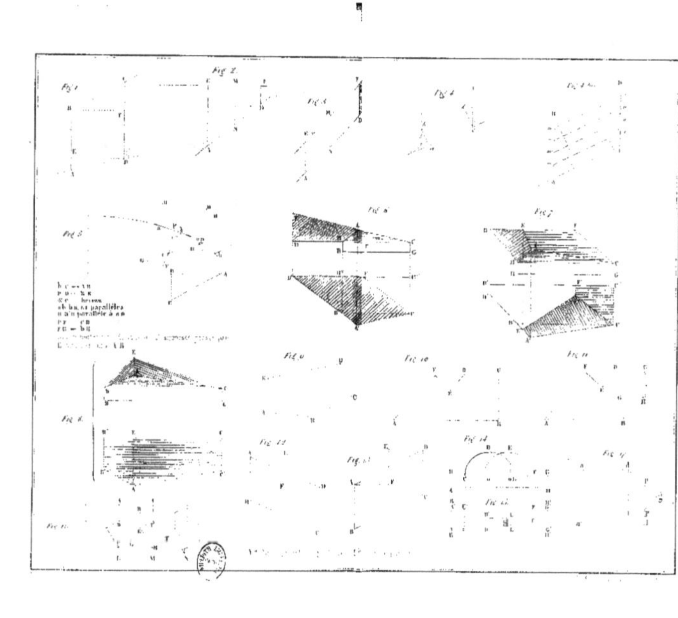

9 782329 650692